AF360235

50 RECETTES

ET

COMPOSITIONS

DE

FARNIER

Chimiste

approuvées

PAR M. BELZÉLIUS

Célèbre professeur de Chimie au Collége Royal de Médecine, à Stokholm.

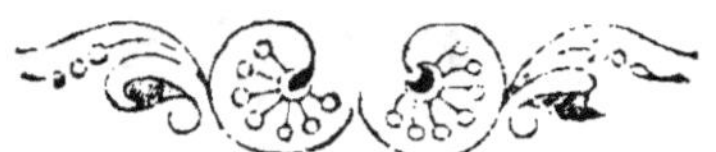

PHILIPPEVILLE

IMPRIMERIE LE PROUST DES AGEUX

1850

Utile Dulci

Les
ARTS ET LES SCIENCES
concourent
AVEC L'EXPÉRIENCE ET L'OBSERVATION
à
L'AGRÉMENT ET A L'UTILITÉ
DE LA VIE

RECETTES PRATIQUES

DU CHIMISTE

FARNIER

1.

Recette pour détruire les Rats et les Souris par un
moyen infaillible ne nuisant aucunement à
l'espèce humaine.

L'on prend :
4 onces de sucre pilé.
1 livre de farine de blé ou de froment.
4 onces de nitrate de barite en poudre.
De tout quoi l'on fait un mélange. L'on en disperse sur des
petites planches en bois que l'on expose dans les endroits in-
fectés par ces animaux qui seront détruits en peu de jours.

2.

Nouveau moyen facile pour se préserver des Mouches et
Moucherons dans les appartements.

Prenez :
1|2 livre de colophane qu'il faut faire fondre dans un vase

vernissé sur un feu doux sans flammes; après quoi on y
ajoutera

6 cuillerées d'huile d'olive, de la meilleure,

4   —   de sucre pilé.

L'on mélangera le tout avec un morceau de bois, l'on en
vernissera des petites baguettes à l'aide d'un pinceau que l'on
exposera aux fenêtres ou dans les places les plus fréquentées
par ces insectes, et les mouches et moucherons s'y attacheront
de suite.

3.

Moyen pour rendre les Souliers imperméables à l'eau.

Prenez :

6 onces de suif.

2   —   d'huile de lin.

2   —   Cire jaune.

2   —   Térébenthine épaisse de Venise.

1   —   Saindoux.

Fondez le tout dans un petit pot et graissez les bottes, sou-
liers ou autres cuirs avec une brosse ou une éponge.

4.

Procédé pour rendre les Étoffes imperméables à l'eau.

On met une demi-livre de colle de poisson dans l'eau-de-
vie, et on l'y laisse pendant 12 heures, puis on la fait dissoudre dans huit litres d'eau de pluie bouillante, on passe ce liquide par un tamis de crin.

On fera ensuite dissoudre une demi-livre de savon de Mar-
seille dans huit litres d'eau de pluie bouillante.

On fera aussi dissoudre une livre d'alun romain en la faisant
bouillir dans huit litres d'eau de pluie ; alors on passe ce liquide par du papier brouillard.

PROCÉDÉ.

Versez doucement la dissolution d'alun sur celle de colle de
poisson, et mêlez bien le tout pendant un quart d'heure ; alors
versez ce mélange sur l'eau savonneuse, et donnez lui 60 de-
grés Réaumur de chaleur.

Pressez bien, en les chiffonnant, les étoffes destinées à être
trempées, afin que l'air s'en échappe, puis plongez-les pendant cinq minutes ; après quoi retirez-les en les tenant par
un bout, et faites-les égoutter et sécher.

Brossez ensuite les deux côtés des étoffes ainsi enduites, et
mettez en presse celles de laine qui pourront aussi être déca-
ties sans inconvénient après cette opération.

Les étoffes de coton, comme celles de laine, pourront être
calendrées. On ne doit pas brosser les étoffes de soie, elles doivent être frottées avec un chiffon.

Remarque.

Pour dissoudre la colle de poisson et le savon, il faut em-
ployer des pots de terre vernissés ; pour la dissolution de l'a-
lun il faut des vases de grès ; mais pour la totalité du mélange
il vaut mieux se servir de vases de cuivre fortement étamés,
les vases ainsi que les cuillères doivent être en bois, le vase
pour plonger les étoffes peut être en bois aussi.

Observations.

Au lieu de faire dissoudre l'alun dans l'eau, on peut encore
le broyer et le piler, puis l'ajouter à la dissolution de la colle

de poisson après que celle-ci aura été tamisée ; toujours faut-il y joindre aussi l'eau de pluie bouillante destinée à dissoudre l'alun comme il est dit plus haut, et surtout avoir soin de faire ce mélange avant l'entière dissolution de la colle de poisson.

5.

Recette propre à enlever les taches sur toutes sortes d'étoffes de couleur.

L'on prend :

1|4 de livre savon de Marseille blanc, que l'on coupera aussi menu que possible ; on y ajoutera

4 onces d'esprit-de-vin alcool,

2 — d'alcali volatil,

4 gros essence de lavande,

1|2 once de bicarbonate de soude.

On placera le tout dans un pot vernissé sur un feu doux, sans flammes, en le remuant avec une cuillère en bois, jusqu'à ce que le tout soit bien fondu et mélangé ; ensuite on le retirera du feu dont on remplira des vases pour au besoin en imbiber à l'aide d'une éponge humectée dans l'eau chaude que l'on fera mousser sur la tache pour la faire disparaître ; après quoi l'on prendra un peu d'eau propre qu'on repassera sur la place qu'on vient de dégraisser.

6.

Procédé pour la composition des Graisses anglaises, propres à graisser les machines, cylindres, tourillons et voitures, etc., etc.

On prendra :

3 livres de bicarbonate de soude qu'on fera dissoudre dans
50 livres d'eau dans un baquet.

25 — d'huile de morue brute.

25 — de suif que l'on fera fondre dans un chaudron.

Le suif étant fondu, on le versera dans le baquet contenant les autres matières, et l'on remuera le tout ensemble avec un bâton pendant une heure, et l'on jettera 13 livres de plomb du Nord dans le baquet avec les autres matières.

Observation.

La mine de plomb du Nord doit être noire et grasse, celle du Midi est sèche et graveleuse et ne vaut rien.

7.

Lessive pour décomposer la Graisse.

Prenez :

2 litres d'eau de pluie ou de rivière.

1 livre de cendres de bois dûr que l'on fera bouillir pendant deux heures dans un pot de terre, après quoi on le passera au clair dans un linge.

On se servira de cette eau en humectant une éponge qu'on imbibera avec du savon à détacher tel qu'il est dit au numéro 5, qu'on fera mousser sur la tache de toutes sortes d'étoffes de couleur, soit de graisse ou d'huile. Après quoi on lavera bien l'endroit dégraissé avec de l'eau tiède propre, et elles auront entièrement disparu. Cette lessive est précieuse pour s'en servir pour dégraisser les cheveux.

—

8.

Pour donner une force double et triple à la portée d'un fusil.

Prenez :

1 once de poudre à tirer.
1 — de camphre broyé très-fin.
1 — de petrolium ou huile de pierre.
1|2 — de salpêtre très-fin.
2 — de vif-argent.
2 — d'huile d'olive bonne qualité.
4 — de cire jaune.

Il faut faire placer ces objets dans un pot ou une cuillère en fer sur un feu de charbon sans flammes, et les remuer avec un morceau de bois jusqu'à ce que l'argent vif soit bien lié avec les autres matières pour n'en faire qu'un même corps; après quoi on le retirera du feu, et après qu'il sera refroidi, on en fera des pilules de la grandeur du canon du fusil de manière qu'on puisse les faire tomber sur la charge quand le fusil sera chargé.

Nota. Ce mélange se combine en mettant la poudre à tirer, le petrolium et l'argent vif, ainsi que l'huile d'olive d'abord dans le pot, et après que l'argent vif sera bien réuni, on y ajoutera le camphre en remuant toujours à l'aide d'un petit bâton en bois, ensuite on y joindra la cire qu'on aura soin de faire fondre dans un petit pot à part.

9.

Véritable Baume romain pour la guérison des rhumatismes et maux de reins.

Prenez :

½ livre de raifort rapé aussi fin que possible.

½ litre d'eau-de-vie de genièvre que l'on mettra dans un pot de terre vernissé sur un feu doux, on le laissera bouillir pendant une demi-heure, on le passera ensuite par un linge pour en obtenir un liquide, et tandis qu'il est encore chaud, on y ajoutera 6 onces de graisse de baleine, appelé pharmaceutiquement spermaceti.

2 onces d'huile de lauriers.

On mélangera le tout avec une cuillère de bois; on le conservera dans un vase ou pot de faïence pour l'usage suivant.

On l'agitera avant de s'en servir, puis on s'en frictionnera les membres rhumatisés, maux de reins, matin et soir, et en se tenant chaudement, on sera radicalement et rapidement rétabli.

10.

Remède contre les Hémorrhoïdes.

Henry de Heers rapporte un secret qu'il avait appris d'un berger de Chartres, et dont il avait fait plusieurs expériences. « Eussiez-vous la douleur la plus cruelle des hémorrhoïdes, dit-il, vous n'avez qu'à prendre un peu de scrofulaire, soit de la racine, dans vos aliments ou dans votre boisson, vous serez aussitôt délivré de votre douleur. » Il n'importe qu'on prenne la plante en substance verte ou sèche, ou sa décoction.

11.

Liniment pour calmer les Douleurs Hémorrhoïdales externes.

Prenez de l'onguent de populium une once, de l'huile d'olive et du baume tranquille de chacun une demi-once, de la teinture anodine vingt gouttes ; mêlez le tout pour un liniment, dont on introduira au fondement matin et soir.

12.

Contre les Cors aux pieds.

Prenez :

1|2 once de résine ou poix de Bourgogne.
1|4 de livre de cire jaune.
2 onces onguent de la mer.
1 — gomme de lierre fine en poudre.
2 — gomme galbarum.
2 — saindoux.

Fondez le tout dans un pot de terre vernissée, puis conservez ce baume pour l'usage dans une boite en ferblanc ou de terre.

On en mettra l'épaisseur d'un demi-franc sur un morceau de linge, qu'on appliquera le soir sur les cors ; et en le répétant quelques fois, les cors seront radicalement guéris.

13.

Poudre pour faciliter la Digestion.

Prenez :

1|2 once noix de muscade.
2 gros canelle.
1|2 gros clous de girofle.
1 once sucre.

Mêlez ; faites une poudre, dont on prendra deux gros après
le repas dans du bon vin pour faire la digestion.

14.
Elixir de Longue Vie.

Prenez :
1|2 litre esprit-de-vin d'alcool.
1 once thériaque de Venise.
1|2 — agaric blanc.
1|2 — tacamahaca.
1|4 — aloës hépatique.
2 gros zéodoria.
1|2 once rhubarbe.
1|2 gros safran catinois.
1 once écorce de quinquina 1re qualité.

On placera le tout dans un madra en verre qu'on laissera
infuser par une chaleur quelconque pendant huit jours ou au
soleil en l'agitant de temps à autre durant cet intervalle, a-
près quoi on le passera au clair pour en obtenir le liquide au-
quel on ajoutera 1|2 litre d'eau-de-vie de France 1re qualité,
qu'on laissera encore infuser pendant deux jours, et dont on
prendra quelques gouttes dans du bouillon, vin ou eau-de-vie
aussitôt qu'on s'apercevra de la moindre indisposition quelconque.

15.
Remède pour délivrer les Enfants des Vers.

Prenez : Une cuillère de suc de citron, deux cuillère huile

d'olive bonne qualité ou d'amandes douces ainsi que deux cuillères de sucre en poudre.

On mélangera le tout et on en donnera une cuillère à café toutes les deux heures, en commençant à jeûn pendant trois fois, ce qui détruira les vers et les fera évacuer sans inconvénients par la selle.

16.

Remède infaillible pour guérir le Panaris de suite.

Prenez un œuf d'une poule noire fraîchement pondu ; on y pratiquera une ouverture à l'un des bouts, on y plongera le doigt atteint du panaris le plus avant possible ; on l'y laissera jusqu'à ce qu'il soit devenu premièrement chaud ; ensuite froid et en dernier lieu encore chaud ; après qu'on aura subi cette épreuve, on pourra retirer le doigt et y appliquer un cataplasme de farine de lin, qu'on gardera pendant la nuit, et on se trouvera radicalement guéri.

17.

Composition propre à détruire les Punaises.

Prenez :

1 once d'euphorbe en poudre.

1 litre de lessive de cendres indiquée au n° 7.

On y ajoutera :

4 onces d'herbe de la rue.

2 — ellébore blanc en poudre.

2 — moutarde crue qu'on fera bouillir ensemble pen-

dant une demi-heure, après quoi on le passera au travers d'un linge pour en obtenir le clair.

On y ajoutera une once acide muriatique.

On frottera de ce mélange à l'aide d'un pinceau à poils les bois de lits et crevasses où se trouvent ces animaux, ce qui les détruira à l'instant; elles ne se reproduiront plus sur les mêmes places.

18.

Cirage pour les Meubles.

Prenez :

1|2 livre de cire jaune qu'on fera fondre dans un pot vernissé.

On y ajoutera :

1 once huile de laurier.

1 — térébenthine épaisse de Venise.

1 — de savon noir arabe.

On fera dissoudre le tout ensemble et on le brassera jusqu'à ce qu'il soit bien refroidi, après quoi on pourra s'en servir avec un morceau de liége revêtu d'une étoffe en laine.

19.

Encre qui en peu de jours s'efface d'elle-même de dessus le papier.

On fera cuire des noix de Galles dans de l'eau forte, et on y ajoutera du vitriol, de la gomme arabique et du sel ammoniac.

Autre procédé.

On laisse pendant cinq jours un morceau de sel ammoniac dans de l'eau forte, et on y ajoute une fine poudre de pierre de touche semblable à celle qui est mise en usage pour l'essai de l'or et de l'argent.

20.

Pour corriger le Vin aigre ou moisi et lui donner un goût agréable.

On roulera une barre de farine de froment ou de blé de la longueur d'un demi-mètre et d'une longueur telle qu'elle puisse passer par le bondon d'un tonneau ; elle devra être à moitié cuite au feu ; après l'avoir retirée on y plantera des clous de girofle, des petits morceaux d'iris de Florence en racine, de l'écorce de cascarille, de cassia et d'orange sèche, de la racine d'althea et de pyrèthre, et quelques morceaux de cacis. Lorsqu'on aura aussi richement garni cette barre de ces ingrédiens, on la fera suspendre dans le tonneau à l'aide d'une ficelle, à la surface du vin, c'est-à-dire que ce dernier ne la touche pas, on l'attachera au bondon ; on laissera ainsi ce vin pendant 15 jours.

Il sera nécessaire de laisser au fond du tonneau un petit sac en toile neuve dans lequel on mettra deux livres de plomb de chasse.

21.

Pour clarifier et conserver le Vin.

Prenez :

3 litres de vin du même tonneau qu'on veut clarifier, soit blanc, soit rouge, auquel on ajoutera :

4 onces de tartre rouge ou tartre vineux.

1[2 livre de sucre candi.

1[2 once de colle de poisson.

On mettra le tout sur le feu, dans un pot vernissé, on fera bouillir jusqu'à diminution du tiers, après quoi on passera cette substance au travers d'un linge. On la mettra dans une futaille contenant 150 à 200 litres de vin qu'on laissera reposer pendant huit jours, après l'avoir bien battu avec une spatule en bois, après ce laps de temps on pourra le soutirer en bouteilles.

22.

Flacon de senteur propre à garantir des maladies contagieuses.

On met dans un fort flacon, muni d'un bon bouchon,

1 drachme de sulfate de potasse (tartanus vitriolatus).

1[2 drachme environ de vinaigre alcoolique.

et l'on ferme aussitôt le flacon.

Auprès d'un malade on ôtera le bouchon, on refermera l'ouverture avec le pouce qu'on lèvera de temps en temps pour approcher le flacon de la bouche et du nez.

23.

Procédé pour nettoyer les tableaux et en enlever les taches.

1 once de mastic.

2 onces d'huile de térébenthine.

2 drachmes de borax.

Le tout mis dans un vase sera dissous par la chaleur, dans un bain de sable, et filtré. On lavera d'abord les tableaux à l'esprit-de-vin, et on y portera ensuite la composition indiquée en se servant d'un pinceau de poils de loutre.

Si les tableaux ne sont pas très-sales, il suffit, pour en enlever les taches, d'y poser légèrement un linge trempé dans de l'esprit de savon. On peut également se servir d'une éponge.

24.

Recette pour détruire les nids de fourmis dans les jardins ou les habitations.

Prenez :

1 litre de suie de cheminée.

1|2 — de chaux vive pilée.

2 — d'eau.

2 onces de pétrole.

Mêlez le tout dans un vase et répandez cette mixtion sur les nids des fourmis et en quelques minutes elles seront détruites.

25.

Recette contre les Charençons.

Mettez dans un tonneau ou tout autre vase autant de chaux qu'il en faut pour en enduire tous les bois et les murs de vos greniers ou de vos granges ; faites éteindre cette chaux dans l'eau de lessive et mettez de l'huile d'aspic (1 livre sur 12 ou 15 livres de chaux).

Après avoir bien remué cette liqueur vous blanchirez les murs et les bois de la grange et du grenier.

Si l'on vent s'assurer de l'efficacité des moyens indiqués, on peut faire étendre sur la grange ou le grenier douze gerbes de la nouvelle récolte ; s'il y a quelques charançons, ils se trouveront dès le lendemain au-dessus des gerbes.

26.

Autre moyen.

Prenez :

L'herbe nommée clonaphodium, vulgairement appelée rochepuante, avec laquelle on frottera les planchers et une partie des murs des magasins à une certaine hauteur, en comparaison des grains qui y doivent être déposés ; cette plante qui n'est aucunement nuisible aux grains détruit néanmoins les charançons et sert en même temps d'un préservatif pour la suite. La fleur de chanvre est adoptée pour préservatif du charençon.

27.

Pour s'enrichir par la pêche des poissons.

Prenez coque du levant avec du cumin, ou autrement dit de la levure, du fromage vieux, de la farine de froment et de bonne lie de vin ; broyez tout cela ensemble et formez-en des petites pilules de la grosseur d'un pois ; jettez dans la rivière où il y a abondance de poissons, ils tâteront de cette composition, s'énivreront et viendront se rendre au bord, en sorte

que vous les pourrez prendre à la main, et peu de temps a-
près l'ivresse se passera, et ils deviendront aussi gaillards
qu'ils étaient avant que d'avoir mangé de cet appât.

On peut se servir à la ligne des petits vers qui se trouvent
parmi la mousse que la mer rejette sur le rivage, ce qui les
fait mordre volontiers.

28.

Pour guérir les engelures quand même il y aurait des crevasses.

4 onces d'eau de guimauve.

la laite d'un hareng salé.

Bien mêler le tout ensemble pour en former un onguent;
frictionner, auprès du feu, le membre malade, et on sera rapidement guéri.

On peut ajouter à cette pommade 4 once d'eau-de-vie de
genièvre.

29.

Lait virginal renommé pour conserver la douceur de la peau.

On prend :

1|2 litre d'esprit de vin à 35 degrés.

1|2 once storax calamite.

1|2 — gomme benjoin pilée

1|2 gros baume du Pérou.

20 gouttes essence de fleur d'orange.

20 — de bergamotte.

20 — · de lavande.

Le tout mis dans un flacon de verre plus grand que la contenance nécessaire. Plongez-le au bain-marie pendant trois heures en l'agitant deux ou trois fois pendant la préparation. En en mettant une vingtaine de gouttes dans quatre cuillerées d'eau, on s'en lave au lieu d'eau de Cologne. Cela rend la peau douce et blanche et embellit le teint. Quelques gouttes de ce lait virginal versées sur un fer chaud, donnent une odeur très-agréable dans les appartements.

30.

Composition contre les Verrues.

L'acide muriatique est un remède infaillible pour les extirper ; on en mouille une plume et on peint les verrues six à huit fois par jour, jusqu'à ce qu'elles soient au niveau de la peau.

31.

Moyen pour teindre en brun ou en noir les cheveux roux ou gris.

On prend :

1|2 livre chaux vive en poudre.

1 — litharge en poudre très-fine.

1|2 once de carbonate de potasse dépurée.

1 cuillerée de sel de cuisine.

Manière de s'en servir :

On mettra en premier lieu, deux litres d'eau de rivière ou de pluie, après on mettra la potasse carbonique et le sel ;

onsuite la chaux vive, en remuant dès le commencement le tout avec une cuillère en bois. Lorsque le mélange aura commencé à bouillir ou à s'étendre, on y ajoutera la litharge, toujours en remuant avec la cuillère mentionnée. Quand le tout sera bien mêlé, on placera le pot sur un feu de charbon de bois, laissant bouillir cette composition en la remuant jusqu'à ce qu'il ne reste dans le pot qu'une poudre sèche et que l'eau soit entièrement évaporée.

Manière de s'en servir :

On fait une pâte de cette poudre avec de l'eau de pluie ou de rivière, de manière qu'elle ne soit ni trop épaisse ni trop liquide pour en bien garnir les cheveux avec le bout des doigts. Pendant l'opération, il est indispensable, pour entretenir la chaleur naturelle, de se couvrir la tête avec un serre-tête ou mouchoir. Cette précaution sera prise pendant quatre heures pour le brun, et six heures pour le noir. Après, on ôte des cheveux la pâte qu'on y a mise. Avant l'opération, il faut bien dégraisser les cheveux avec de la lessive de cendres indiquée au n° 7.

32.

Pour faire croître les Cheveux.

Coupez une livre de buis vert bien fin et faites-le bouillir dans une pinte d'eau pendant une heure. Transvasez le restant du liquide, ajoutez-y autant de vieux vin de France, deux onces de baume du Pérou et une once de teinture de quinquina double ; mélangez bien le tout dans un mortier, prenez-en une cuillerée le matin et le soir, et frottez doucement les cheveux jusqu'à la peau.

33.

Pommade qui empêche les Cheveux de tomber et en favorise la croissance.

Prenez :

1|2 livre de moëlle de bœuf, qui doit être lavée dans l'eau fraîche, jusqu'à ce qu'elle ne contienne plus de sang ; alors on la fait fondre dans un pot vernissé sur un feu doux ; on la passe au travers d'un morceau de toile et on y ajoute :

3 onces saindoux fraîchement fondu.

4 once de quinquina en poudre fine 1re qualité.

1 gros baume du Pérou.

1|2 gros huile de fleurs d'orange.

Il faut remuer le tout avec une cuillère de bois, jusqu'à ce que la pommade soit à peu près froide, puis la mettre dans des pots de terre recouverts de papier pour la conserver.

34.

Pour faire tomber les poils.

Prenez :

1 once 1|2 d'aurum pigmentum, pilé très-fin.

4 — 1|2 de chaux vive pulvérisée.

On mélangera bien ces deux poudres, et on en formera à l'aide de l'eau froide une pâte ni trop épaisse ni trop liquide, qu'on étendra avec un morceau de bois en forme de lame de couteau, de manière qu'on ne puisse en mettre plus que l'épaisseur d'une feuille de papier où il y aura des poils, et qu'on enlèvera avec un autre couteau au bout de huit minutes, après quoi on lavera avec de l'eau fraîche.

35.

Paraguay-Roux, ou moyen infaillible contre les Maux de Dents.

Prenez :

4 onces d'alcoole vini.

2 gros racine de pyrèthre.

1|2 once fleur et plante d'inula bifrons.

1|2 once fleur spilentus oleracia.

1 gros clous de girofle.

On fera infuser le tout pendant huit jours par une chaleur immédiate ou au soleil, après quoi on passera ce liquide au clair.

On conservera cet élixir dans une bouteille, dont on mettra quelques gouttes sur un peu de coton, au moyen de quoi le mal de dents se calmera immédiatement.

36.

Dentifrice très-efficace.

Prenez :

2 onces poudre racine d'iris de Florence.

4 — d'ivoire brûlé.

1 — de bois de sandal pulvérisé.

1 — de quinquina pulvérisé.

1|2 — de myrrhe.

Qu'on en fasse un mélange ; en s'en servant avec une brosse molle humectée d'eau, comme d'un dentifrice ordinaire.

—

37.

Poudre chimique propre à écrire, nouvellement inventée.

Prenez :

4 onces noix de galles d'Alep pulvérisées.

1|2 — gomme arabique en poudre.

6 — vitriol vert en poudre ou sulfate de fer calciné.

On mélangera le tout sur une feuille de papier, et on pourra s'en servir.

38.

Méthode pour composer une poudre chimique pour faire disparaître à l'instant les fautes de l'écriture et les taches d'encre, sans grattoir.

Prenez :

1|2 once sel d'oseille.

1|4 — essence de tartre.

1|4 — acide oxalique.

On pulvérise tous ces ingrédients, que l'on met dans une boîte ; on s'en sert à l'aide d'un pinceau humecté d'eau et d'un peu de cette poudre. En touchant les fautes d'écriture, elles disparaîtront.

39.

Moyen d'épurer toute espèce d'Huile.

On prend un tonneau dans lequel on veut mettre l'huile à épurer (cependant le tonneau doit être d'une contenance double de l'huile qu'on y met), puis on y ajoute la moitié d'eau de ce qu'on y a mis d'huile. Pour chaque litre on prend un quart d'once d'acide nitrique, qu'on laisse tomber goutte à goutte au moyen d'un entonnoir, pendant qu'on fouette l'huile avec un bâton une heure durant.

On laisse reposer vingt-quatre heures. Si l'huile n'était pas encore parfaitement épurée, on répéterait la même opération. Alors on y jette une demi-livre de litharge d'argent sur dix litres ; on laisse reposer vingt-quatre heures, et l'opération est faite.

40.

Moyen de faire disparaître à l'instant les taches occasionnées par l'humidité aux étoffes de soie et de leur rendre la couleur et le lustre primitifs.

Prenez :

1 once esprit de sel ammoniac.

1 pinte d'eau de pluie.

Qu'on laisse dans une bouteille pendant vingt-quatre heures, puis on les passe au travers d'un linge. On en humecte une éponge avec laquelle on frotte les taches, qui disparaissent ; alors on dissout une once d'alun dans une chopine d'eau de pluie ; on passe au travers d'un linge, et on en frotte avec l'éponge comme ci-dessus, et la soie reprend son lustre primitif.

41.

Mastic pour cimenter la Porcelaine et le Verre.

On prend :

1|2 once colle de poisson.

1|4 — mastic.

1 drachme gomme ammoniacale.

1|4 — colle.

1|2 once suc d'ail.

6 onces esprit-de-vin.

On fera d'abord dissoudre à part, dans un peu d'esprit-de-vin la colle de poisson et l'autre ; il en sera de même du mastic, et, après avoir réduit en poudre fine la gomme ammoniacale, on l'adjoindra aux autres matières. Avant d'être cimentés, les objets cassés devront être chauffés, de même que le mastic ; on enduira ensuite légèrement de ce dernier les fragments, qu'on joindra avec soin.

42.

Pour faire de l'Eau de Seltz ou de la Limonade gazeuse.

On divise une once de bicarbonate de soude en 24 paquets ;
Et une once d'acide tartrique, aussi en 24 paquets.

On fait foudre un de ces derniers paquets dans un verre d'eau sucrée ou non sucrée, à volonté, et l'on y verse ensuite le bicarbonate de soude ; il se fait aussitôt une vive fermentation : il faut boire avant que tout le gaz soit dégagé.

N. B. Pour faire la limonade gazeuse, on suit le même procédé, en y ajoutant quantité suffisante de sucre et suc de citron.

43.

Remède coutre le Ver Solitaire.

Le pourpier est un vrai poison pour le ver solitaire. On

dans un peu d'eau avant de s'en servir pour la mêler aux au-
res matières. Avant de se servir des deux premiers articles
ci-dessus, on aura soin de les broyer très-fin dans un mortier
en marbre ; cela fait on fera un mélange de tout ce qui pré-
cède, qu'on conservera dans une bouteille en verre, et dont
on se servira à l'aide d'une brosse, en ayant soin de bien a-
giter le flacon.

48.

Encre communicative pour copier les lettres.

Prenez :

125 grammes noix de galle concassées.
  64 — campêche.
  64 — écorce de grenade sèches.
  64 — sulfate de fer.
  16 — sulfate de cuivre.
  25 — sucre candi.
  2 gros indigo.

Faites bouillir la noix de galle, la campêche et l'écorce de
grenade dans trois litres d'eau, jusqu'à la réduction de la
moitié, après quoi on y ajoutera les autres ingrédiens, en ob-
servant d'y mettre l'indigo, qui doit être très-fin en poudre,
le dernier.

49.

Remède contre les Accouchements difficiles.

On prend des feuilles de laurier de l'année, on les pulvérise
et on en mêle quelques cuillerées avec de l'huile ou de l'eau
de la Reine pour en faire un onguent qu'on étend sur un linge

en l'appliquant sur le nombril ; on peut au lieu de feuilles de
laurier prendre les baies.

50.

Remède contre les convulsions.

Faites un électuaire avec de la poudre de crème de tartre
de la racine de Jalap et du sucre, de chacun 2 gros. Ajoutez-
y la même quantité de sirop d'orange, prenez-en chaque jour
une légère dose, et les accès du mal cesseront bientôt.

TABLE

DES

MATIÈRES

12. Contre les cors aux pieds.
13. Pour faciliter la digestion.
14. Elixir de longue vie.
15. Pour délivrer les enfants des vers.
16. Remède infaillible pour guérir le panaris de suite.
17. Composition propre à détruire les punaises.
18. Cirage pour les meubles.
19. Encre qui en peu de jours s'efface d'elle-même de dessus le papier.
20. Pour corriger le vin aigre ou moisi et lui donner un goût agréable.
21. Recette pour clarifier les vins et les conserver longtemps.
22. Flacon de senteur propre à garantir des maladies contagieuses.
23. Pour nettoyer les tableaux et enlever les taches.
24. Pour détruire les nids des fourmis dans les jardins ou habitations.
25. Moyen contre les charançons.
26. Autre moyen.
27. Pour s'enrichir par la pêche des poissons.
28. Pour guérir des engelures, même crevassées.
29. Lait virginal renommé pour conserver la douceur de la peau.
30. Composition contre les verrues.
31. Pour teindre en noir les cheveux roux ou gris.
32. Pour faire croître les cheveux.
33. Pommade qui empêche la chute des cheveux et en favorise la croissance.
34. Pour faire tomber les poils.

35. Pour blanchir les dents.
36. Dentifrice très-efficace.
37. Poudre chimique propre à écrire, nouvellement inventée.
38. Méthode pour composer une poudre chimique pour faire disparaître à l'instant les fautes d'écriture et les taches d'encre sans grattoir.
39. Moyen d'épurer toute espèce d'huile.
40. Pour faire disparaître à l'instant les taches occasionnées par l'humidité aux étoffes de soie, et de leur rendre la couleur et le lustre primitif.
41. Mastic pour cimenter la porcelaine et le verre.
42. Pour faire de l'eau de seltz ou limonade gazeuse.
43. Remède contre le ver solitaire.
44. Préservatif contre les mites qui détruisent les étoffes en laine.
45. Encre sympathique paraissant et disparaissant à volonté.
46. Julep contre la colique venteuse.
47. Pour teindre les cheveux en noir à la minute.
48. Encre communicative pour copier les lettres.
49. Remède contre les accouchements difficiles.
50. Remède contre les convulsions.